UNE

PROTESTATION

CONTRE

L'INOBSERVATION

DES LOIS

PAR

P. BISTON

Avocat à la Cour d'appel

Ce qu'on appelle prudence et réserve
n'est souvent qu'une lâcheté hypocrite.

SE TROUVE

CHEZ L'AUTEUR

13, rue de l'Odéon, 13

PARIS

UNE

PROTESTATION

CONTRE

L'INOBSERVATION

DES LOIS

Paris. — Imprimerie Arnous de Rivière et Cⁱᵉ, rue Racine, 26.

UNE

PROTESTATION

CONTRE

L'INOBSERVATION

DES LOIS

PAR

P. BISTON

Avocat à la Cour d'Appel

Ce qu'on appelle prudence et réserve
n'est souvent qu'une lâcheté hypocrite.

—•—

SE TROUVE

CHEZ L'AUTEUR

13, rue de l'Odéon, 13

PARIS

PROTESTATION

L'INOBSERVATION DES LOIS

> Ce qu'on appelle prudence et réserve
> n'est souvent qu'une lâcheté hypocrite.

Je disais, le 15 octobre 1873, dans mon étude sur Berryer : « Le peuple a perdu jusqu'à la crainte des lois, depuis qu'il a vu la faiblesse de ceux qui étaient chargés de les faire observer, et nous savons par expérience comment, pour ne pas lui déplaire, on abandonne, à certain jour, un citoyen à toutes les indignités dont, suivant l'expression de Bossuet, peut s'aviser une canaille furieuse. »

Je faisais alors allusion aux actes véritablement odieux dont j'ai été victime à Châlons-sur-Marne, au mois de mai 1869, actes qui sont restés complétement impunis, et que j'ai exposés dans un opuscule intitulé : *Comment on respecte la liberté d'écrire en France.*

1.

Une femme de cœur m'écrivait à ce sujet du fond de la Bretagne, le 6 janvier 1872 :

« J'ai reçu votre brochure sur cette infamie de Châlons...

« Je tombe des nues, en vérité, en voyant à quelles attaques vous avez été livré, et en pensant que pas une seule répression n'est venue s'y opposer.

« Cela prouve une fois de plus dans quel misérable abaissement est tombée la France, qui, n'ayant jamais eu trop de respect pour la loi, voit maintenant avec indifférence la multitude s'ériger en juge des hommes les plus honorables, et exercer une autorité tumultueuse, tantôt dans une ville, tantôt dans une autre, sans que les gens honnêtes aient le courage de s'y opposer. »

Je cite cette lettre, parce qu'elle exprime bien l'indignation d'une âme noble et généreuse contre les manifestations de la force brutale.

J'en ai souffert cruellement, il y a sept ans, dans une ville où la lâcheté des uns a comme encouragé l'audace et la violence des autres, et je ne cesserai pas de protester au nom du droit violé, de mes affections brisées, et de mes intérêts compromis.

Je n'ai pas manqué de le faire dans mes *Lettres au garde des sceaux sur l'inexécution des lois*, et avant de les publier, je veux d'abord, et pour remplir ce que je regarde comme un devoir de famille, résumer les principes et les faits sur lesquels je m'appuie pour demander la réparation à laquelle j'ai droit, et qui m'a été promise.

Après une si longue et si pénible attente, après avoir montré tant de patience, je veux, si je dois rester écrasé sous le poids du malheur, que mes enfants connaissent au moins les efforts que j'ai faits pour leur épargner les dernières conséquences des déplorables manifestations qu'on n'a su ni prévenir, ni combattre efficacement.

L'autorité doit réprimer toutes les atteintes portées à l'ordre public ; elle doit faire exécuter les lois qui protégent la fortune et la sécurité des citoyens, et si elle manque à ce double devoir, si elle ne remplit pas sa haute mission, et qui consiste, je le répète, à maintenir tous les droits et à veiller à tous les intérêts, elle est évidemment responsable du préjudice qu'elle a causé par sa faute.

Ce sont là des principes incontestables, principes sur lesquels repose la paix sociale, et il est bien permis de les invoquer, lorsqu'on a été victime de l'incapacité, ou de la faiblesse de ceux qui étaient chargés de les mettre en pratique.

Et la loi, que dit-elle?

La loi défend et punit tout ce qui est capable de troubler la paix publique, de compromettre la sécurité des citoyens, en excitant contre eux le mépris ou la haine.

Quant aux faits, il me suffira d'en rassembler encore une fois les preuves pour en montrer toute la gravité.

En 1869, j'habitais Châlons-sur-Marne, et à la veille des élections générales, je croyais avoir le droit de faire imprimer une brochure politique.

Dès qu'elle fut annoncée par le *Journal de la Marne*, mes adversaires employèrent les plus détestables machinations pour en empêcher la publication.

Une *épreuve* de mon écrit intitulé : *Noir et Blanc* fut d'abord soustraite, et à partir de ce moment, on employa tous les moyens pour égarer et agiter les esprits, et pour soulever contre moi les passions des gens violents.

J'eus alors à souffrir mille indignités, et pendant plusieurs soirées, j'entendis sous mes fenêtres des cris de haine et de proscription.

Publiquement diffamé, outragé et menacé des dernières violences, il fallut bien me résigner à quitter mon pays natal pour aller chercher ailleurs le repos et la sécurité.

Il résulte d'un *avis* publié par le maire de Châlons, le 26 mai 1869, et seulement après mon départ, que des *scènes* avaient troublé la tranquillité de cette dernière ville pendant deux nuits.

C'est, en effet, pendant les deux nuits des 24 et 25 mai 1869 que j'ai été exposé à des manifestations dangereuses, coupables, du caractère le plus passionné, et sous les yeux de fonctionnaires qui n'ont pas osé les réprimer.

Il résulte de deux procès-verbaux en date des 25 mai

et 8 juillet 1869, que j'ai échappé à une tentative d'incendie et à un guet-apens, et ces actes sauvages avaient tellement épouvanté ma femme et mes enfants, que j'ai dû tout abandonner pour les éloigner d'une ville où l'autorité n'existait plus pour nous.

C'est alors que nous nous sommes réfugiés à Meaux.

Un arrêt rendu par la Cour d'appel de Paris, le 19 décembre 1871, dit que j'ai été publiquement en butte, dans la ville de Châlons-sur-Marne, à des manifestations hostiles, et que j'ai *juste sujet de m'en plaindre.*

Des officiers supérieurs (1), témoins attristés de ces manifestations qu'ils n'avaient pas reçu l'ordre d'arrêter, ont attesté, par deux lettres, en date des 30 septembre 1872 et 29 octobre 1873, qu'on n'a pas employé un seul gendarme pour me défendre contre les plus lâches et les plus injurieuses attaques.

Enfin, le premier président Gilardin, celui-là même qui a prononcé l'arrêt du 19 décembre 1871, écrivait, le 12 octobre 1874, que j'avais été *contraint par une scène d'agitation populaire à quitter le barreau de province où j'exerçais ma profession.*

L'autorité *civile* de Châlons-sur-Marne a donc déserté la loi pendant les soirées et les nuits des 24 et 25 mai 1869, et c'est en vain qu'on chercherait, comme cela ar-

---

(1) Un général de brigade et un colonel de gendarmerie.

rive trop souvent en France, à couvrir son insigne faiblesse.

Elle n'a rien fait pour prévenir et arrêter efficacement des rassemblements tumultueux qui, pendant deux soirées et deux nuits, ont troublé le repos et la sécurité de ma famille, et excité contre moi le mépris et la haine d'une multitude égarée par les machinations de quelques meneurs.

Et cette autorité *civile* n'a pas même compris qu'elle devait, au moins par humanité, protéger une malheureuse mère et ses enfants contre un désordre dont on trouvera encore la trace ineffaçable dans ce passage d'une lettre du 25 janvier 1872 :

« J'ai connu parfaitement, m'écrivait la fille d'un général, tous les détails du drame épouvantable dont vous avez été victime.

« J'étais à Châlons à l'époque où ces tristes événements se sont passés, et tous les détails nous avaient été donnés par un des principaux employés de la préfecture.

« Nous vous avons plaint. . . . . »

On verra plus tard, par mes *Lettres au garde des sceaux*, comment j'ai été *plaint* par certains agents de l'autorité, et quels ont été leurs procédés, même après la mort de ma femme que ces événements ont tuée...

Si, comme l'affirmait dernièrement le ministre de la justice, « la violation des lois que rien ne réprime est un désordre dans la société », ma plainte est fondée, ma demande est juste, et c'est ce que reconnaissait le sous-secrétaire d'État au ministère de la justice, lorsqu'il m'écrivait, les 17 juin et 13 novembre 1874, qu'il serait « heureux de *réparer* les injustices et les conséquences désastreuses des événements dont j'avais été la victime à Châlons-sur-Marne ».

Oui, cela a été un affreux désastre pour moi et les miens ; je le sens maintenant plus que jamais, et chose incroyable, je reste la victime de ceux qui n'ont rien fait pour le conjurer, et je les vois combler de faveurs, même sous la république, et depuis que des hommes nouveaux sont arrivés au pouvoir.

J'ai voulu dire encore une fois la vérité ; elle repose sur des faits certains, que personne ne saurait détruire et qui, malheureusement, n'honorent pas mon pays.

Nos voisins prétendent que « le sentiment du droit est complétement éteint parmi nous, même dans les cercles où l'on cherche de préférence les amis de l'ordre politique et de la justice garantie ».

Je veux ne pas le croire, mais enfin, après avoir prouvé qu'il y avait eu, à mon préjudice, violation flagrante et scandaleuse de la loi et des règles de toute justice, il faut bien admettre que *le droit* ne prime pas toujours *la force* en France.

On disait naguère à l'*Assemblée nationale* que « l'État,

qui emploie les fonctionnaires, qui en use, est responsable de leurs fautes et de leur incapacité ».

Qui donc oserait nier aujourd'hui les *fautes* graves commises par l'autorité *civile* de Châlons-sur-Marne, en 1869, et leurs conséquences désastreuses pour moi et mes enfants ?

Le temps n'a pu effacer de pareilles fautes ; il n'a fait qu'aggraver la situation de ceux qui en souffrent depuis sept ans, et il a rendu plus nécessaire la légitime réparation du mal qui a été causé par des fonctionnaires incapables ou coupables.

Et ces fonctionnaires auraient disparu, que la responsabilité de l'État leur survivrait, pour ainsi dire, parce qu'elle découle du droit que les révolutions et les changements de gouvernements ne peuvent anéantir.

Ma cause est juste ; j'en ai dit assez pour convaincre tous les hommes de cœur et d'honneur, et c'est à eux que j'adresse publiquement cette nouvelle protestation contre des faits honteux, criminels, et qu'on ne rencontre que dans les sociétés où l'on ne sait plus mettre la force au service de l'ordre, et où l'égoïsme, la lâcheté et l'hypocrisie portent les heureux du jour à rire et à se moquer de tout, même de la ruine d'une famille.

Paris, 24 juin 1876.

Paris. — Imprimerie Arnous de Rivière et Cᵉ, rue Racine, 26

PARIS. — IMPRIMERIE ARNOUS DE RIVIÈRE ET Cᵉ

26, RUE RACINE, 26